W0326963

Impressum

Ringstr. 17

23714 Bad Malente

Imprint: Independently published

ISBN: 979-8-8636-0267-7

Vorwort

Liebe Kinder,

lasst eure Fantasie fliegen und träumt große Träume, denn Ihr seid die Zukunft und die Welt liegt euch zu Füßen.

Lernt, lacht und entdeckt – die Welt ist voller Abenteuer und Ihr seid bereit sie zu erleben.

Inhalt

Danksagung

Liebe Kinder,

ich möchte euch von Herzen danken, dass ihr euch entschieden habt, dieses Buch in die Hand zu nehmen und gemeinsam mit mir auf eine magische Reise zu gehen. Die Welt der Bücher ist eine wunderbare, in der wir Abenteuer erleben, neue Freunde finden und fantastische Orte entdecken können.

Ihr Kinder seid die besten Leser, denn eure Fantasie ist grenzenlos und euer Herz voller Neugierde. Ihr seid es, die die Geschichten lebendig machen, indem ihr sie in euren Köpfen und Herzen zum Leben erweckt. Jede Wendung, jeder Charakter und jede Reise wird durch eure Vorstellungskraft bunt und lebendig.

In diesem Buch werdet ihr auf mutige Helden treffen und fantastische Freundschaften schließen.

Ich hoffe von ganzem Herzen, dass ihr genauso viel Freude beim Lesen haben werdet, wie ich beim Schreiben. Möge dieses Buch euch inspirieren, eure eigenen Abenteuer zu erleben und eure Träume zu verfolgen.

Vielen Dank, dass ihr Teil dieser Geschichte seid. Ich freue mich darauf, gemeinsam mit euch die Seiten dieses Buches zu erkunden und eure Gedanken und Ideen zu teilen.

Mit allerbesten Wünschen und einem herzlichen Dankeschön,

René

Die kleine Maus Tapsi fürchtet sich im dunklen Wald

Es ist ein herrlicher Sommertag: Die Sonne steht hoch oben am Himmel, der wolkenlos und strahlend blau ist. Ein laues Lüftchen weht durch den Wald und streicht sanft über Tapsis Fell. Die kleine Maus Tapsi liebt den Sommer. Dafür gibt es viele Gründe: Im Sommer findet sie im Wald immer genug zu essen, denn überall kriechen Insekten, es gibt süße Früchte und leckere Samen. Im Sommer ist es angenehm warm, sodass Tapsi nicht so sehr frieren muss wie im Winter. Und im Sommer bleibt es lange hell. Das ist der wichtigste Grund für Tapsi, den Sommer zu lieben. Denn in der warmen Jahreszeit sind die hellen Tage lang und die dunklen Nächte kurz. Die kleine Maus Tapsi fürchtet sich ganz schrecklich vor der Dunkelheit. Sobald die Sonne untergeht, flüchtet sich Tapsi immer in ihren Bau, ganz weit unter die Erde, und hält sich die Ohren zu. Mit pochendem Herzen rollt sie sich zusammen und hofft, ganz schnell einzuschlafen. Denn sie weiß: Wenn sie schnell schläft, dauert es nicht so lange, bis der neue Tag anbricht und der Wald wieder in ein sanftes, helles Licht getaucht wird.

Zum Glück hat jetzt gerade erst dieser wunderschöne Sommernachmittag begonnen, sodass es noch lange dauern wird, bis die nächste Nacht hereinbricht. Also kann Tapsi noch eine ganze Weile im Schatten eines Haselstrauches liegen – natürlich zusammen mit ihrem besten Freund, dem kleinen Eichhörnchen Bommel.

„Was hältst du davon“, bricht Bommel auf einmal das selige Schweigen, „wenn wir heute eine Nachtwanderung machen?“ Sofort ist der Zauber des wundervollen Augenblicks wie weggeblasen. Tapsi reißt ängstlich die Augen auf und starrt ihren besten Freund mit wild klopfendem Herzen an. „Eine Nachtwanderung?”, piepst sie fragend. Das Eichhörnchen richtet sich auf und nickt begeistert. „Genau! Wir warten, bis es dunkel wird, und dann streifen wir durch die Wälder. Das will ich schon lange einmal ausprobieren. Ich glaube, es gibt im dunklen Wald eine Menge Abenteuer zu erleben!“ Bommels Stimme klingt ganz begeistert. Aber Tapsi kann diese Begeisterung nicht teilen. Wenn sie nur daran denkt, im Dunkeln nicht in ihrem sicheren Bau zu sein, wird ihr ganz mulmig zumute.

Ihr Herz schlägt wie wild, ihre Kehle fühlt sich eng an und sie kann kaum noch richtig atmen. Deshalb schüttelt Tapsi heftig den Kopf. „Lieber nicht." „Hast du etwa Angst?", neckt Bommel seine Freundin Tapsi. Natürlich hat Tapsi Angst. Riesengroße Angst sogar. Doch das wird sie niemals zugeben. Schon gar nicht vor Bommel, dem übermütigsten, frechsten und furchtlosesten Eichhörnchen im ganzen Wald. „Nein, ich habe nur keine Lust", erwidert Tapsi daher ausweichend und dreht sich von Bommel weg. Doch das Eichhörnchen lässt nicht locker und bettelt weiter: „Bitte, komm mit! Mir zuliebe!" Im Grunde weiß Tapsi, dass Bommel nicht lockerlassen wird. Wenn sich das Eichhörnchen einmal etwas in den Kopf gesetzt hat, bekommt es nämlich immer, was es möchte. Auch, wenn Tapsi sich noch im selben Moment fragt, was bloß in sie gefahren ist, gibt sie schließlich nach und sagt: „Okay, meinetwegen." Den Rest des Nachmittags verbringen Tapsi und Bommel gemeinsam im Wald. Sie teilen sich leckere Früchte und Samen, knabbern an ein paar Zweigen und spielen Verstecken in den Büschen.

Als die Sonne langsam untergeht, setzen sie sich auf einen alten Holzstumpf. Zusammen beobachten sie den Sonnenuntergang, der den ganzen Wald in ein oranges Licht taucht.

Aber Tapsi kann diesen Moment nicht genießen, denn ihr Herz schlägt wie wild. Bald wird es im Wald ganz dunkel sein, sodass sie die Pfote vor Augen nicht mehr sehen kann. Sie wird nicht in ihrem sicheren Bau, sondern hier draußen sein. Mitten im tiefen, unheimlichen Wald. „Ich weiß, dass du Angst hast“, sagt Bommel auf einmal. „Nein, habe ich nicht, es ist nur...“, widerspricht Tapsi, doch Bommel lässt sie nicht ausreden. „Deine Mama hat es mir erzählt, Tapsi. Ich wundere mich schon lange, wieso du immer pünktlich zum Sonnenuntergang die Beine unter den Arm nimmst und fast panisch in deinem Bau verschwindest. Also habe ich deine Mama gefragt. Sie meinte, dass du schreckliche Angst im dunklen Wald hast und dich zitternd in der Tiefe eures Baus verkriechst.“ Tapsi wird ganz verlegen und auch ein bisschen sauer. Warum erzählt ihre Mutter ihrem besten Freund von ihrem Geheimnis?

Jetzt wird Bommel sie gewiss auslachen. „Du findest das bestimmt albern“, wispert Tapsi kaum hörbar. Die Sonne ist unterdessen komplett versunken und nur noch das Abendrot sorgt für etwas Licht im Wald. Zu ihrer Überraschung schüttelt Bommel nur den Kopf und meint: „Nein! Das ist überhaupt nicht albern. Jeder hat mal Angst. Sogar ich!“ Tapsi macht große Augen. „Du hast Angst? Wovor denn?“ Schulterzuckend antwortet Bommel: „Meine größte Angst ist, im Winter zu vergessen, wo ich im Herbst meine Nussvorräte vergraben habe. Dann müsste ich verhungern!“ Die kleine Maus Tapsi staunt. Niemals hätte sie geglaubt, dass sogar ihr mutiger Freund Bommel von Ängsten geplagt ist. „Ich will dir heute zeigen, dass es im Dunkeln draußen im Wald gar nicht so schlimm ist, wie du glaubst“, spricht Bommel mit leiser Stimme weiter.

„Wenn du dich deiner Angst stellst, kannst du sie überwinden.“

Als Tapsi sich nun im Wald umsieht, stellt sie fest, dass die Nacht über den Wald hereingebrochen ist. Ängstlich greift sie nach Bommels Hand und lauscht auf unheimliche Geräusche. Doch sie bleiben aus. Sie hört noch immer das leise Rascheln des Windes, das sich jetzt im Dunkeln aber genauso friedvoll anhört wie vorhin bei Sonnenschein. Irgendwo in der Ferne hört sie eine Eule. Mehr nicht. Alles bleibt ruhig. „Atme tief ein und aus“, flüstert Bommel. „Das hilft gegen die Angst.“ Zusammen mit Bommel nimmt Tapsi ein paar tiefe Atemzüge. Beim Einatmen zählen sie bis vier, beim Ausatmen bis acht. Die kleine Maus spürt nach kurzer Zeit, wie sie sich entspannt und nicht mehr so viel Angst hat. „Komm, wir gehen ein Stück“, schlägt Bommel vor. Händchenhaltend laufen die beiden Waldtiere durch den düsteren Wald. Am Anfang umklammert Tapsi Bommels Pfote noch regelrecht, doch mit der Zeit wird sie ruhiger.

Schnell stellt sie fest, dass es gar nicht so dunkel ist, wie sie angenommen hat. Der Mond taucht den Wald in ein feines Licht.

Und so erkennt sie auch im Dunkeln alles wieder: den Haselnussstrauch, unter dem sie heute mit Bommel saß, die große Eiche, in der ihr Freund seinen Kobel hat und schließlich auch den Eingang zu ihrem eigenen Bau. Lange ist sie nun mit Bommel bei Nacht durch den Wald gelaufen. „Es ist überhaupt nichts Schlimmes passiert“, stellt sie ehrfürchtig fest. „Natürlich nicht. Der Wald bleibt der Wald, egal, ob es hell oder dunkel ist“, sagt Bommel und lächelt seine Freundin an. Dankbar erwidert Tapsi das Lächeln. „Du hast heute wirklich viel Mut bewiesen, kleine Tapsi!“, meint Bommel und umarmt seine Mäusefreundin lange.

„Ich danke dir so sehr, dass du mir dabei geholfen hast, über meinen Schatten zu springen und meine Angst zu überwinden“, gibt Tapsi zurück.

Die beiden verabschieden sich, dann verschwindet Bommel in seinem Kobel und Tapsi in ihrem Bau. Heute muss sie nicht bis ganz nach unten kriechen, sondern sucht sich eine kleine Mulde gleich unter der Erde. Heute muss sie sich auch nicht die Ohren zuhalten und ängstlich zu einer Kugel zusammenrollen. Denn Tapsi weiß jetzt, dass viel Mut in ihr steckt. Schließlich ist sie gerade tatsächlich durch den dunklen Wald gewandert und hat ihre Furcht überwunden. Von diesem Tag an, hat Tapsi nie wieder Angst, wenn die Sonne untergeht, weil sie die Dunkelheit nicht länger fürchten muss.

Der Wolf Ikarus und das Problem mit dem Lügen

Ikarus ist ein prächtiger und stolzer Wolf, der sich von anderen Wölfen des Waldes unterscheidet. Er ist bei den Waldbewohnern beliebt, denn alle Mäuse, Kaninchen und Eichhörnchen wissen, dass Ikarus sie in Ruhe lässt. Er mag nämlich kein Fleisch, sondern ernährt sich nur von Obst und Gemüse. Deshalb fürchten die anderen Tiere den Wolf Ikarus nicht, im Gegenteil: Sie schätzen den Wolf, weil er sie vor Gefahren beschützen kann. Aber auch der stolze Wolf Ikarus ist nicht perfekt. Er hat durchaus eine Schwäche, die dazu führt, dass sich im Laufe der Zeit immer mehr Waldtiere von ihm abwenden und nicht mehr mit ihm befreundet sein wollen. Ikarus lügt – und das leider sehr, sehr oft. Mit seiner blühenden Fantasie, die er von seinem Großvater geerbt hat, denkt er sich Tag für Tag die wildesten Geschichten aus, die aber keinen Funken Wahrheit beinhalten. Und diese Geschichten erzählt er dann den anderen Waldtieren und freut sich, wenn sie ihm glauben. Sobald die Tiere bemerken, dass sie auf Ikarus hereingefallen sind, lacht der Wolf sie aus, bis ihm der Bauch weh tut.

Wenig später tut ihm dann nicht mehr der Bauch, sondern das Herz weh, wenn er wegen seiner Lügenmärchen wieder einen Freund verloren hat. Aber das würde der stolze Wolf niemals zugeben.

Auch heute hat sich Ikarus eine witzige Lügengeschichte überlegt. Sein heutiges Opfer soll der Dachs Tasso sein. Ikarus weiß, dass Tasso ständig hungrig und permanent auf der Suche nach Leckereien ist. Genau diese Tatsache will Ikarus ausnutzen, um den Dachs Tasso ein bisschen zu veräppeln. „Hallo, Tasso, kennst du schon den Schokoladenbrunnen?“, fragt Ikarus den Dachs geradeheraus, als sich die beiden bei ihrem Morgenspaziergang am Haselnussstrauch über den Weg laufen. Tasso bleibt wie angewurzelt stehen und sieht den Wolf fragend an. „Den was?“ „Den Schokoladenbrunnen!“ Tasso ist skeptisch. Natürlich hat er schon von den anderen Waldtieren gehört, dass Ikarus sich gerne Geschichten ausdenkt und andere veräppelt. „Was soll das denn sein?“ „Das ist ein Brunnen, aus dem kein Wasser plätschert, sondern flüssige Schokolade!“

Dem Dachs läuft das Wasser im Mund zusammen. Schokolade wächst nicht im Wald, deshalb hat er noch nie welche gegessen. Aber er hat schon aus einem Versteck heraus beobachtet, wie Kinder im Wald auf einer Bank saßen und einen Schokoriegel geteilt haben. Allein der süße Schokoladenduft ließ seinen Magen hungrig knurren. „Wo soll denn dieser Brunnen sein?“, fragt Tasso den Wolf. „Er ist gar nicht weit von hier. Du musst einfach den Weg entlang gehen, dann an der großen Eiche rechts abbiegen, einmal über den Waldfluss springen und anschließend durch die Brombeerhecke kriechen. Schon siehst du den Schokoladenbrunnen!“

Der Dachs überlegt. „Ob Ikarus wieder eine Lügengeschichte erzählt? Aber was, wenn es diesen Brunnen am Ende doch gibt?" Dann will er sich auf keinen Fall die Chance entgehen lassen, ein wenig Schokolade zu naschen. „Vielleicht schaue ich bei Gelegenheit mal vorbei", murmelt Tasso vage und verabschiedet sich vom Wolf, der innerlich kichernd zurückbleibt.

Denn selbstverständlich weiß Ikarus, dass sich der Dachs sofort auf den Weg begeben wird. Er kennt seinen hungrigen und gierigen Freund schließlich ganz genau. Tatsächlich schlägt der Dachs direkt den vom Wolf beschriebenen Weg ein. Ikarus folgt ihm in einiger Entfernung. Er will unbedingt dessen langes Gesicht sehen, wenn er bemerkt, dass er auf den Wolf hereingefallen ist. Einige Minuten später wartet der Wolf an der Stelle, wo angeblich der Schokoladenbrunnen stehen soll – gut hinter einem Busch versteckt. Er beobachtet, wie Tasso unter der Brombeerhecke hindurchkriecht und sich vor Gier schon die Lippen leckt. Doch natürlich findet Tasso keinen Schokoladenbrunnen, sondern nur einen großen Felsen, der mit Moos bewachsen ist.

„Dieser verlogene Wolf!“, ruft Tasso wütend und stampft mit dem Fuß auf. „Habe ich es doch gewusst, dass er mich nur veräppelt.“ In seinem Versteck lacht der Wolf so laut, dass Tasso ihn entdeckt. Wütend baut sich der Dachs vor ihm auf und stemmt die Hände in die Hüften.

„Warum erzählst du immer wieder solche Lügengeschichten?“ „Warum fallt ihr immer wieder auf meine Märchen herein?“, stellt der Wolf die Gegenfrage. „Hast du etwa gedacht, dass es einen Schokoladenbrunnen gibt? Wer soll den denn hier aufgebaut haben, mitten im Wald?“ Wieder lacht der Wolf so sehr, dass er sich den Bauch halten muss. „Das war’s! Unsere Freundschaft ist beendet. Was soll das denn für ein Freund sein, bei dem man nie weiß, ob man ihm glauben kann?“ Enttäuscht wendet sich der Dachs ab und sucht das Weite. Nun ist dem Wolf das Lachen vergangen. Er wollte nicht schon wieder einen Freund verlieren. „Tasso ist einfach so empfindlich“, murmelt Ikarus traurig und will nach Hause gehen. Doch als er sich umdreht, bleibt er mit der hinteren Pfote an einem Dorn der Brombeerhecke hängen und reißt sich die Pfote auf. Blut strömt aus der Verletzung und der Stachel steckt noch in der Wunde.

„Aua!“, ruft der Wolf in der Hoffnung, dass der Dachs Tasso zurückkommt und ihm hilft. Aber es kommt keine Reaktion. „Tasso? Bist du noch hier?“, ruft der Wolf erneut. „Hilf mir bitte! Ich habe mir einen Dorn eingetreten und kann nicht mehr laufen.“ Da ertönt ein freudloses Lachen aus einiger Entfernung. „Ach, Ikarus, glaubst du, ich falle zweimal nacheinander auf deine Lügen herein? Ich gehe jetzt nach Hause, suche dir ein anderes Opfer.“

Ikarus hört, wie sich die Schritte des Dachses entfernen. Bedrückt legt sich der Wolf ins Gras. „Ich habe einmal zu oft gelogen. Tasso glaubt mir nicht mehr. Niemand glaubt mir.“ Seine Wunde in der Hinterpfote pocht schmerzhaft. „Ich glaube dir noch“, hört er in diesem Moment eine ihm wohlbekannte Stimme. Es ist sein Freund Bommel, das Eichhörnchen, der gerade den Stamm einer Tanne herabgesaust kommt.

„Du hast mich zwar auch schon veräppelt, aber ich weiß, dass du im Grunde nur versuchst, mit deinen Lügen interessanter für die anderen Waldtiere zu sein“, sagt Bommel und nähert sich der Pfote des Wolfes. „Achtung, das tut jetzt kurz weh“, warnt er und zieht vorsichtig den Stachel aus der Wunde. Dann reißt er ein Stück Stoff von seinem T-Shirt ab und tupft dem Wolf das Blut von der Pfote. „Schon besser“, murmelt Bommel zufrieden, „kannst du aufstehen?“ Der Wolf bedankt sich, richtet sich auf und setzt vorsichtig einen Schritt vor den anderen. Es schmerzt, aber wenigstens kann Ikarus wieder laufen. „Was soll ich jetzt tun? Wie schaffe ich es, dass Tasso und die anderen wieder meine Freunde sind?“, will Ikarus mit kleinlauter Stimme wissen.

„Du musst dich bei jedem einzelnen entschuldigen und von jetzt an damit aufhören, immer solche Lügengeschichten zu erzählen. Du brauchst keine Lügen, um für die anderen spannend zu sein.

Du bist ein toller und liebenswürdiger Wolf, genauso, wie du bist. Du bist schließlich der einzige Wolf, den ich kenne, der keine armen Waldtiere jagt, um sie zu fressen. Diese ganzen Lügenmärchen hast du gar nicht nötig“, erklärt Bommel weise. Das leuchtet Ikarus ein. Also befolgt er Bommels Rat und entschuldigt sich beim Dachs Tasso und all den anderen Waldtieren, die er schon veräppelt hat. Zum Glück verzeihen sie ihm alle, als er verspricht, von nun an nie wieder Lügen zu erfinden. Der Wolf hält sich an sein Versprechen. Er hat endlich begriffen, dass es nicht die feine Art ist, seine Freunde anzulügen, weil er so ihr wertvolles Vertrauen verliert. Fantasievolle Geschichten denkt sich der Wolf aber immer noch aus. Er erzählt sie seinen kleinen Neffen und Nichten abends im Bett, wenn sie wieder nicht einschlafen können.

Der wunderschöne Fuchs mit dem strubbeligen Fell

Seit diesem Frühjahr lebt im Wald ein kleiner Fuchs, der von seinen Eltern den bezaubernden Namen Aiko bekommen hat. Doch unglücklicherweise nennt niemand den kleinen Fuchs so. Nicht seine Mama. Nicht sein Papa. Nicht seine Geschwister. Und erst recht nicht die anderen Fuchskinder im Wald. Stattdessen nennen alle, ja wirklich alle, die den Fuchs jemals erblicken, ihn immer nur „Strubby“. Dafür gibt es auch einen guten Grund, denn der kleine Fuchs hat tatsächlich ein auffälliges, strubbeliges Fell. Es ist außerordentlich lang, am Bauch regelrecht gelockt und steht am Rücken in alle Richtungen ab. „Du bist aber ein kleiner Strubby“, sagen daher all seine Artgenossen und all die anderen Waldtiere, wenn sie ihn zum ersten Mal treffen. Und so kommt es, dass irgendwann im Wald niemand mehr weiß, dass der kleine Fuchs eigentlich Aiko und nicht Strubby heißt, weil ihn eben alle nur noch Strubby nennen.

Eigentlich findet der Fuchs das blöd, denn er liebt seinen richtigen Namen. Doch er gibt niemals zu, dass er lieber Aiko genannt werden möchte. Stattdessen lächelt er, wenn die anderen ihn Strubby rufen, und nennt sich mittlerweile sogar selbst oft einfach Strubby. Dabei mag Strubby sein struppiges Fell überhaupt nicht. Schon viele Stunden lang brachte er in seinem Bau vor dem Spiegel zu, betrachtete sich kritisch und versuchte, sein Fell zu glätten. Aber mit Mamas Haarbürste kommt er nicht durch sein Fell. Die Bürste bleibt ständig hängen, weil seine Haare störrisch sind. Einmal hat Strubby sein Fell am Waldfluss mit Wasser geglättet. Für eine Weile sah das ganz gut aus, denn sein Fell lag nass und eng am Körper an. Doch sobald es wieder getrocknet war, stellte es sich wieder auf und war genauso struppig wie zuvor. Die anderen Fuchskinder in seinem Alter hänseln ihn seit einiger Zeit, weil Strubby eben anders aussieht als die anderen Füchse.

„Da kommt ja unser Strubby-Peter“, rufen sie. Oder sie sagen Dinge wie: „Strubby, hast du heute Morgen wieder vergessen, dein Fell zu kämmen?“ Strubby weiß dann nie, was er sagen soll, und schämt sich für sein Aussehen. Daher versucht er gar nicht mehr, mit den Füchsen im Wald zu spielen. Stattdessen hat er Freundschaft mit anderen Waldtieren geschlossen. Zu seinen liebsten Freunden gehören der Dachs Tasso, die Maus Tapsi, das Eichhörnchen Bommel und der Wolf Ikarus. Am heutigen Spätsommertag hat Strubby sich mit Bommel und Tapsi auf der großen Waldlichtung in der Nähe der großen Eiche verabredet.

Als er ankommt, staunt er nicht schlecht. Bommel und Tapsi halten einen Spiegel in der Hand und sind damit beschäftigt, ihr Fell zu bürsten. „Was treibt ihr da?“, fragt Strubby neugierig.

„Wir machen uns schick. Für den Schönheitswettbewerb!“, erwidert das Eichhörnchen Bommel, leckt über seine Pfote und streicht damit seinen Pony zur Seite. „Was für ein Schönheitswettbewerb?“, will der kleine Fuchs wissen und spürt, wie ihm ganz komisch wird. „Ach, der Wolf Ikarus hatte wieder so eine ausgefallene Idee. Jetzt, wo er nicht mehr lügt, denkt er sich mit seiner übersprießenden Fantasie ständig Spiele oder Aufgaben für uns Waldtiere aus“, erklärt die Maus Tapsi mit ihrer piepsigen Stimme. „Wir sollen uns ein bisschen hübsch machen und dann entscheidet Ikarus später gemeinsam mit der Elster Frida, wer von uns das schönste aller Waldtiere ist.“

Strubby lässt den Kopf hängen. Er hat sich so darauf gefreut, mit Bommel und Tapsi ein bisschen durch den Wald zu streifen und Abenteuer zu erleben. Daraus wird nun nichts, weil sich die beiden für diesen komischen Schönheitswettbewerb zurechtmachen müssen.

„Dann gehe ich lieber wieder nach Hause“, murmelt Strubby niedergeschlagen. „Was? Kommt gar nicht infrage! Du nimmst auch daran teil!“, widerspricht Bommel vehement. Fast hätte Strubby laut gelacht. Als ob er mit seinem struppigen Fell an einem Schönheitswettbewerb teilnehmen könnte. Er würde ja doch nur auf dem letzten Platz landen. Also schüttelt er den Kopf. „Gewiss nicht! Mit meinem hässlichen Fell werde ich doch gleich disqualifiziert.“

Die Maus Tapsi und das Eichhörnchen Bommel tauschen einen Blick. Dann wendet sich Tapsi an ihren Freund Strubby und piepst eindringlich: „So einen Quatsch habe ich ja noch nie gehört. Du bist der allerschönste Fuchs, den ich jemals gesehen habe! Dein Fell ist nicht hässlich, sondern einzigartig. Dieses Fell sorgt dafür, dass du unter allen anderen Fuchskindern im Wald hervorstichst!“

Bommel nickt zustimmend. „Tapsi hat recht. Dein bemerkenswertes Fell lenkt alle Blicke auf dich. Es lässt dich irgendwie lustig und niedlich wirken. Und deine honigfarbenen Augen sind schöner als alle anderen, die ich jemals bei einem Fuchs gesehen habe. Wenn einer diesen Schönheitswettbewerb gewinnt, dann ja wohl du!“ Nach dieser leidenschaftlichen Ansprache seiner Freunde verschlägt es Strubby doch glatt die Sprache. Auf diese Weise hat er sein Fell noch nie betrachtet. Er hat es immer als Makel wahrgenommen. Doch eigentlich liegen seine Freunde richtig. Sein struppiges Fell ist es doch erst, was ihn zu etwas ganz Besonderem werden lässt. „Okay“, sagt Strubby schließlich. „Ich werde an dem Schönheitswettbewerb teilnehmen.“ Wenig später platziert er sich vor der Elster Frida und dem Wolf Ikarus, welche die Jury bilden, neben Bommel, Tapsi und einigen anderen Waldtieren. Stolz reckt er seinen Kopf empor und präsentiert sein strubbeliges Fell in voller Pracht.

In der Nähe haben sich etliche andere Tiere versammelt, die dem Spektakel zuschauen. Darunter sind auch die anderen Fuchskinder, die ihn immer hänseln. Der Wolf Ikarus und die Elster Frida schauen jedes Tier, das am Wettbewerb teilnimmt, genau an. Auch Strubby mustern sie von oben bis unten, während sie miteinander tuscheln und mit den Köpfen nicken. Für einen Moment wird es dem kleinen Fuchs wieder mulmig und er befürchtet, bei diesem Schönheitswettbewerb doch völlig fehl am Platz zu sein. Doch dann strafft er seine Schultern und sagt sich im Stillen immer wieder: „Mein Fell ist etwas ganz Besonderes. Es macht mich einzigartig und wunderschön." Irgendwann unterbricht Fridas Stimme die Gedanken des kleinen Fuchses. „Der Gewinner des diesjährigen Schönheitswettbewerbes steht fest", verkündet sie feierlich.

„Wir haben ein Tier ausgewählt, das nicht nur bezaubernde honigfarbene Augen hat, sondern auch ein bemerkenswertes Fell und eine gütige Seele. Herzlichen Glückwunsch, Fuchs Aiko, du hast gewonnen!“ Der kleine Fuchs kann sein Glück kaum fassen. Er hat tatsächlich gewonnen und wurde sogar mit seinem richtigen Namen angesprochen. Der Wolf Ikarus steckt ihm eine dunkelrote Rosenblüte hinters Ohr, während die anderen Tiere freudig Beifall klatschen. Erstaunt beobachtet Strubby, dass sogar die Fuchskinder begeistert jubelnd auf ihn zulaufen. „Wir sind stolz auf dich!“, rufen die Fuchskinder.

Theo, der Fuchs, der immer besonders gemein war, fügt zerknirscht hinzu: „Entschuldige, dass wir dich immer wegen deines Fells geärgert haben. Das war nicht nett. Eigentlich beneide ich dich sogar um dein Fell, denn damit fällst du wirklich immer auf. Ich werde oft von anderen übersehen."

Strubby ist erstaunt. „Du wirst doch nicht übersehen mit deinem perfekten, buschigen Schwanz“, widerspricht der kleine Fuchs. Nun sieht Theo überrascht aus. „Findest du? Ich mag meinen Schwanz eigentlich gar nicht. Er ist so dick.“ Da mischt sich das Eichhörnchen Bommel ein: „Jeder ist schön, so wie er ist. Können wir uns bitte darauf einigen?“ Alle Fuchskinder nicken – und Strubby auch.

„Sollen wir dich von jetzt an Aiko nennen?“, will Theo wissen. Der kleine Fuchs denkt eine Weile nach. Dann schüttelt er den Kopf. „Ich habe mich mittlerweile an Strubby gewöhnt. Mir gefällt der Name.“ In diesem Augenblick nimmt er sich ganz fest vor, dass er sich nie wieder für sein struppiges Fell schämen, sondern es mit Stolz und Freude tragen wird. Dieses Fell ist richtig, genauso, wie es ist.

Der hungrige Dachs Tasso hilft der Maus Tapsi

Der Dachs Tasso gehört eindeutig zu den hungrigsten Tieren im Wald. Er ist ständig auf der Suche nach etwas, womit er seinen knurrenden Magen füllen kann. Am liebsten frisst er Obst und Beeren. Nicht umsonst wird er von seinen Freunden liebevoll „Naschdachs" genannt, denn er liebt einfach den süßen Geschmack der Früchte. Aber auch Pilze, Samen und Wurzeln stehen häufig auf seinem Speiseplan. Manchmal, aber wirklich nur ganz selten, verputzt der kleine Dachs auch mal eine Portion Schnecken, Würmer oder andere Krabbeltiere. Nur Mäuse frisst Tasso nie. Denn Mäuse sind seine Freunde, schließlich ist er schon lange Zeit mit der Maus Tapsi befreundet. Bei allem Hunger – eine Maus könnte er einfach nicht essen. Der Sommer war in diesem Jahr für den Dachs Tasso etwas ganz Besonderes. Denn Tasso hat sich in das hübsche Dachsmädchen Clara verliebt.

Seit einigen Wochen streift Tasso also nicht mehr allein durch die Wälder, um Nahrung zu suchen und sich den Bauch vollzuschlagen, sondern immer gemeinsam mit seiner Freundin Clara. Sie teilen sich all die himmlisch süßen Beeren und Früchte, die schmackhaften Pilze und knusprigen Wurzeln. Ganz besonders mag Tasso es, sich lange Regenwürmer mit Clara zu teilen. Dann nimmt Tasso das eine und Clara das andere Ende in den Mund. Beide schlürfen den Wurm in ihr Mäulchen, bis er immer kürzer wird und sich ihre Lippen für einen Kuss in der Mitte treffen. Dabei kribbelt es so lustig in Tassos Bauch und am liebsten würde er den ganzen restlichen Tag einen Regenwurm nach dem anderen mit seiner lieben Clara teilen. Es gibt nur eine einzige Sache, die Tasso an seiner Freundin Clara stört: Sie schreckt auch nicht vor kleinen Mäusen zurück. Doch solange das Dachsmädchen seine Mäusefreundin Tapsi in Ruhe lässt, kann er das akzeptieren.

Heute haben Tasso und Clara auf ihrem Streifzug durch den Wald aber noch keine Leckereien entdeckt. Das liegt daran, dass der Sommer vergangen ist und für den Herbst Platz gemacht hat. Deshalb wird die Nahrungssuche etwas schwieriger, weil es nicht mehr so viel Essbares im Wald gibt. Erschöpft lassen sich die beiden hungrigen Dachse unter einer großen Tanne ins Gras fallen und ruhen sich von ihrem langen Fußmarsch aus. „Ich habe solchen Hunger“, jammert Clara und reibt ihren Bauch, der so leer ist, dass er laut knurrt. Tasso ist auch hungrig und überlegt, wie er für sich und seine Freundin ein paar Leckereien auftreiben könnte. Plötzlich hat er eine Idee: „Am Waldrand gibt es eine Gaststätte, wo sich die Menschen zum Essen treffen. Manchmal entsorgen sie dort etwas Leckeres. Ich habe im letzten Herbst in der Mülltonne schon etliche Köstlichkeiten gefunden. Komm, lass uns nachschauen!“

Es dauert eine ganze Stunde, bis die beiden Dachsfreunde die Gaststätte gefunden haben.

Tatsächlich verströmt die Mülltonne, die hinter dem Gebäude steht, einen betörenden Duft nach Essen. Gerade wollen die ausgehungerten Dachse sich auf die Tonne stürzen, da hören sie ein aufgeregtes Piepsen: „Tasso! Gott sei Dank! Tasso hilf mir!“

Der Dachs erkennt die Stimme seiner Mäusefreundin sofort. Es ist Tapsi! Er sieht sich um und entdeckt Tapsi, die in einer Art Gitterkäfig eingesperrt ist. Schnell rennt er zu ihr hinüber. „Was ist passiert?“, will er wissen. „In diesem Ding hier lag ein Stück Käse. Ich wollte es mir holen, da ging die Klappe zu. Ich bin hier eingesperrt! Meine beiden Geschwister hat es auch erwischt!“ Tapsi zeigt mit ihrer Pfote in Richtung Mülltonne, wo Tasso zwei weitere Mausefallen entdeckt. „So ein Mist! Diese Dinger müssen die Menschen aufgestellt haben!“, grummelt Tasso wütend. Schon im letzten Herbst hatte es diese Fallen gegeben. Ein Vögelchen hatte die Menschen beim Aufstellen beobachtet und ihn gewarnt: „Die Menschen wollen nicht, dass Mäuse oder Ratten in die Küche der Gaststätte kommen. Mit den Fallen wollen sie die Tiere einfangen und bringen sie dann an einen Ort, der ganz weit weg ist.“

Warum nur hatte Tasso seine Mäusefreundin nicht gewarnt? „Ich helfe dir!“, verspricht Tasso und sucht nach einem großen, schweren Stein, mit dem er die Falle zerstören kann. „Hast du unser Mittagessen gefangen?“, ertönt da plötzlich Claras Stimme neben ihm. Sie deutet auf die Maus Tapsi und leckt sich genüsslich die Lippen. „Ich habe richtigen Appetit auf Maus!“ Erschrocken verkriecht Tapsi sich in der hintersten Ecke ihres Käfigs. Doch Tasso schüttelt energisch den Kopf. „Tapsi ist meine Freundin! Ich esse meine Freundin nicht! Und du auch nicht!“ Da zieht Clara einen Schmollmund. „Aber ich bin auch deine Freundin und ich habe Hunger“, widerspricht sie. Tasso spürt, wie ihm unbehaglich wird. Das kann Clara doch nicht ernst meinen? „Für dich finden wir schon etwas anderes zu essen. Aber Tapsi ist tabu!“ Clara verdreht die Augen und deutet auf die anderen eingefangenen Mäuse. „Dann esse ich eben die Mäuse dort.“

Sie läuft los, doch die kleine Maus Tapsi ruft ängstlich: „Nein! Das sind meine Geschwister! Bitte nicht!" Der Hunger des Dachsmädchens Clara ist so groß, dass sie Tapsi ignoriert. Sie rennt weiter in Richtung der anderen Mausefallen, aber Tasso ist schneller und stellt sich ihr in den Weg. „Halt!" Clara stoppt und verschränkt beleidigt ihre Arme. „Was ist denn?" „Hör auf damit! Mäuse sind meine Freunde und solange du mit mir unterwegs bist, sind sie auch für dich tabu." Tassos Stimme ist knallhart und lässt keinen Widerspruch zu.

„Wie du meinst", grummelt Clara. Schmollend macht sie kehrt und verschwindet in den Wald. Der kleine Dachs Tasso hat keine Zeit, sich darüber zu ärgern. Er muss seine Mäusefreundin und ihre Familie befreien, bevor die Menschen kommen und sie wegbringen. Dann würde er sie niemals wiedersehen! Zum Glück entdeckt er nun einen großen Stein. Er greift ihn sich und rennt zurück zu Tapsi, die noch immer zitternd vor Angst in ihrer Falle sitzt.

Mit dem Stein schlägt er einige Male auf das Türchen des Käfigs, bis er kaputtgeht. Tapsi ist frei! „Danke! Los, wir müssen noch meine beiden Geschwister retten." Zusammen rennen sie hinüber zu den anderen beiden eingesperrten Mäusen und befreien sie auf dieselbe Weise.

Glücklich fallen sich die drei Mäuse in die Arme und drücken sich fest. „Das ist gerade noch einmal gut gegangen“, murmelt Tapsi erleichtert. „Tausend Dank für deine Hilfe! Es tut mir leid, dass du nun Ärger mit Clara hast.“ Tasso zuckt die Schultern. „Schon gut. Das wird schon wieder.“ Er weiß, dass er die richtige Entscheidung getroffen hat. Clara wird eine Weile mit ihm schmollen, aber wenn ihr etwas an ihrer Freundschaft liegt, wird sie sich schon bald wieder mit ihm versöhnen. Nie hätte er es sich verziehen, wenn seiner langjährigen Mäusefreundin Tapsi oder ihrer Familie etwas zugestoßen wäre. Gemeinsam mit den drei Mäusen durchsucht er die Mülltonne hinter der Gaststätte und teilt sich jede Leckerei mit ihnen, die er findet – genauso, wie wahre Freunde es eben tun. Tatsächlich dauert es gar nicht lange, bis auch Clara wieder zu ihnen stößt. Sie wirkt sichtlich zerknirscht. „Tut mir leid, dass ich euch fressen wollte“, entschuldigt sie sich bei den drei Mäusen.

„Das war nicht nett von mir. Ich war bloß so hungrig.

Aber ich habe verstanden, dass es nicht in Ordnung ist, Tassos Freunde zu bedrohen. Verzeiht ihr mir?“ Die Mäuse nicken und bieten ihr das Apfelstück an, das sie sich gerade teilen. „Hier, iss den Apfel! Er schmeckt ohnehin viel besser als Maus.“ Lachend und dankbar nimmt Clara das Apfelstück entgegen. „Da habt ihr recht!“ Zusammen schlagen sich die fünf Tiere den Bauch voll und genießen ihr köstliches Mahl. In Gemeinschaft von wahren Freunden schmeckt es einfach am besten.

Das freche Eichhörnchen Bommel ist ein kleiner Nussdieb

Der Herbst ist für das kleine Eichhörnchen Bommel eine anstrengende Jahreszeit. Er hat dann allerhand zu tun. Morgens steht Bommel schon in aller Früh auf, kämmt sich sein Fell und putzt sich die Zähne. Dann klettert er den Stamm der Eiche herab, in der sein Kobel liegt, und begibt sich an die Arbeit: Er muss Nüsse sammeln und im Wald vergraben, damit er auch im Winter etwas zu futtern hat. Dann gibt es nämlich keine Nahrung mehr für Bommel im Wald. Er muss auf die Vorräte zurückgreifen, die er sich jetzt im Herbst anlegt. Also gilt es, sehr fleißig zu sein. Leider hat Bommel überhaupt keine Lust darauf, täglich stundenlang Nüsse zu suchen. Es ist wahnsinnig anstrengend, von Baum zu Baum zu laufen, die heruntergefallenen Nüsse einzusammeln und irgendwo zu verstecken, wo niemand sie findet. Viel lieber würde er mit der Maus Tapsi im Wald Verstecken spielen, mit dem Dachs Tasso Wiesenhügel herunterrutschen oder sich mit dem Wolf Ikarus lustige Geschichten ausdenken. Aber all das Jammern nützt nichts: Er muss Nüsse sammeln oder er wird im Winter verhungern.

Seufzend begibt er sich auch an diesem sonnigen Herbstmorgen an die Arbeit. Er trägt ein Körbchen aus Weide in der Hand, dass ihm seine Oma eines Tages geschenkt hat. „Damit kannst du mehr Nüsse auf einmal tragen und bist schneller mit der Arbeit fertig“, meinte sie. Das stimmt auch, aber beschwerlich ist die Arbeit eben noch immer. Heute hat das kleine Eichhörnchen Glück. Es entdeckt unter einer alten Rotbuche eine Menge Bucheckern. Die sind gesund, das weiß Bommel von seiner Mama, und sie schmecken ihm gut. Flink schmeißt er die Bucheckern in sein Körbchen. Dabei summt er leise ein Lied vor sich hin. Als er alle Bucheckern eingesammelt hat, ist sein Korb immerhin schon zur Hälfte gefüllt. Gerade will Bommel zur nächsten Buche weiterlaufen, als er ein anderes Eichhörnchen entdeckt.

Es überquert den Waldweg vor ihm und verschwindet im Gebüsch. In den Pfoten hält es eine große Walnuss. „Sicher sucht es auch nach Wintervorräten“, murmelt Bommel leise vor sich hin und beschließt, ihm zu folgen. Wenig später beobachtet er, wie das fremde Eichhörnchen seine Walnuss auf einen großen Haufen anderer Nüsse und Samen legt. „Wow! Das Eichhörnchen hat aber schon viele Nüsse gesammelt“, staunt Bommel ehrfürchtig. Das andere Eichhörnchen verschwindet wieder, um die nächste Nuss zu suchen.

Bommel schaut auf sein halb leeres Körbchen, dann auf den großen Haufen Nüsse vor sich. Wenn er ein paar der Nüsse einfach wegnehmen würde, hätte er seine Arbeit schneller erledigt und könnte heute noch ein bisschen mit seinen Freunden spielen.

Natürlich ist es nicht nett, einem anderen Eichhörnchen die Nüsse zu stehlen, aber sein Artgenosse scheint ein fleißiger Sammler zu sein. Vielleicht fällt es ihm nicht einmal auf, dass ein paar Nüsse fehlen. Bommel zögert nicht länger, sondern macht einen großen Satz und packt so viele Nüsse ein, wie er kann. Etliche Haselnüsse, Walnüsse und Fichtensamen wandern in sein Körbchen. Dann nimmt er sein Diebesgut und rennt damit zu seinem Kobel zurück. Dort vergräbt er die Nüsse in Windeseile und läuft wieder zum Versteck des anderen Eichhörnchens. Es ist offenbar noch nicht zurückgekehrt, denn Bommel kann es weit und breit nirgends entdecken. Also bedient sich Bommel noch einmal an den gesammelten Nüssen des fremden Eichhörnchens und lädt sich sein ganzes Körbchen damit voll. Anschließend vergräbt er die Nüsse wieder in der Nähe seiner Eiche. Noch drei weitere Körbe erbeutet Bommel.

Als er schließlich wieder zu dem – unterdessen gar nicht mehr so großen – Nusshaufen des anderen Eichhörnchens zurückkehrt, hält er inne. Das fremde Eichhörnchen ist wieder da. Es weint bitterlich. „Meine Nüsse sind weg“, schnieft es verzweifelt. „Eine ganze Woche lang musste ich sammeln, um so viele Nüsse zu bekommen, und jetzt sind fast alle weg.“ Dicke Tränen kullern über die Wangen des Eichhörnchens.

Bommel bekommt ein schlechtes Gewissen. Er weiß selbst am besten, wie anstrengend es ist, tagein, tagaus nur Nüsse zu sammeln. „Ich werde verhungern müssen“, schluchzt das fremde Eichhörnchen nun. „Wer hat nur all die Nüsse weggenommen?“ Bommel spürt, dass es ein Fehler war, die Nüsse des anderen Eichhörnchens zu stehlen. Er fühlt sich schlecht, doch er weiß nicht, was er jetzt tun soll. Sicher ist sein Artgenosse sauer auf ihn, wenn er zugibt, dass er die Nüsse gestohlen hat.

„Ich habe dich beobachtet“, piepst da plötzlich seine Mäusefreundin Tapsi ganz leise neben ihm. „Das war wirklich nicht nett von dir! Du hast dem Eichhörnchen seine ganzen Wintervorräte gestohlen!“ Ertappt lässt Bommel die Schultern hängen. „Ich weiß, es tut mir leid, ich habe gar nicht richtig nachgedacht. Ich bin nur so faul und mag es überhaupt nicht, Wintervorräte anzulegen. Es ist so mühsam!“ „Das mag sein, aber es gibt dir kein Recht, andere einfach zu beklauen“, wispert Tapsi vorwurfsvoll. „Los, entschuldige dich.“ Sie gibt Bommel einen kleinen Schubs, sodass er aus seinem Versteck hervortreten muss. Das andere Eichhörnchen entdeckt ihn sofort. „Hallo Bommel, dich kenne ich doch! Ich bin Puschel“, stellt sich das Eichhörnchen vor. „Jemand hat fast alle meine Nüsse gestohlen, die ich für den Winter gesammelt habe. Hast du vielleicht etwas beobachtet?“

Zerknirscht senkt Bommel den Blick und scharrt mit dem Fuß auf dem Waldboden herum. „Das war ich“, murmelt er kleinlaut. „Du?“, fragt Puschel fassungslos. „Das hätte ich nicht von dir gedacht! Du bist doch immer so ein hilfsbereites und umsichtiges Eichhörnchen.“ Das schlechte Gewissen nagt an Bommel. „Ich weiß, aber ich habe es so satt, im Herbst jeden Tag Nüsse zu sammeln. Ich wollte mir ein bisschen Arbeit sparen und da habe ich einfach deine Nüsse genommen. Es tut mir leid.“ Puschel sieht noch für einen Moment wütend aus, aber dann seufzt er. „Es ist schön, dass du deinen Fehler eingesehen hast und dich entschuldigst. Gib mir meine Nüsse einfach wieder, in Ordnung?“ Bommel schluckt. „Das geht leider nicht, ich habe sie schon vergraben.“ Da rauft sich Puschel entsetzt die Haare. „Na toll! Was soll ich denn jetzt machen? Ich werde verhungern!“

Natürlich kann Bommel nicht zulassen, dass ein anderes Eichhörnchen seinetwegen im Winter verhungert. Also überlegt er fieberhaft, wie er seinem Artgenossen helfen kann. Schließlich schlägt er vor: „Wie wäre es, wenn ich dir den Rest des Tages beim Sammeln und Vergraben helfe? Zu zweit ist es nicht so mühselig und mit meinem Körbchen geht es ohnehin schneller." Puschel sieht erleichtert aus. „Das wäre wirklich nett." Doch Bommel schüttelt nur den Kopf.

„Nett wäre es gewesen, deine Nussvorräte einfach in Ruhe zu lassen und meine eigenen zu sammeln. Es war ein Fehler, dich zu bestehlen. Nun übernehme ich die Verantwortung für meinen Fehler und helfe dir, schnell neue Vorräte anzulegen. Los, lass uns keine Zeit mehr verlieren!" Sofort beginnen die beiden mit der Arbeit und sammeln fleißig Nüsse. Schon nach kurzer Zeit ist der Nusshaufen wieder so groß wie zuvor.

Danach hilft Bommel dem Eichhörnchen Puschel auch noch dabei, gute Verstecke für die Nüsse zu finden und sie zu vergraben. Sie merken, dass es viel lustiger ist, zu zweit Vorräte für den Winter anzulegen, als immer nur allein unterwegs zu sein.

Abends liegen sie erschöpft, aber glücklich unter Bommels Eiche und ruhen sich aus. „Das haben wir wirklich toll gemacht“, findet Puschel und Bommel stimmt ihm zu. Von diesem Tag an sind Bommel und Puschel gute Freunde und gehen immer gemeinsam auf Nusssuche. Bommel ist froh, dass er seinen Fehler eingesehen und die Verantwortung dafür übernommen hat. Dadurch hat er am Ende sogar einen tollen neuen Freund gewonnen.

Die diebische Elster Frida hört mit dem Stehlen auf

Frida, die kleine Elster, sieht man wirklich gerne an. Ihr schwarzes Gefieder am Rücken glänzt bläulich in der Sonne. Die weißen Federn an den Flügeln und am Bauch sind rein wie Schnee. Die kleine Elster liebt alles, was schön ist. Sie sammelt täglich Schätze im Wald, mit denen sie ihr Nest schmücken kann. Besonders gerne nimmt sie sich, was anderen lieb und teuer ist. Sie kann es nur schlecht ertragen, wenn andere Tiere etwas Tolles haben, was sie selbst noch nicht hat. Da kann es schon passieren, dass die kleine Elster Frida ihre diebische Art zeigt – und sich das Stück ihrer Begierde einfach stiehlt: Die gelbe Küken Feder, die einst am Kobel des Eichhörnchens Bommel hing. Nun verziert sie Fridas Nest. Oder die Bürste, mit welcher der Fuchs Strubby immer sein Fell striegelte. Seit einigen Tagen nutzt Frida sie, um sich den Rücken zu massieren. Gestern erbeutete sie das Tagebuch von Wolf Ikarus, in das er all seine fantasievollen Geschichten schreibt.

Lesen kann Frida zwar nicht, aber der Einband mit der silbernen Schrift hat es ihr einfach angetan. „Ich bin die schönste Elster im ganzen Wald“, kräht Frida an diesem regnerischen Herbstmorgen und bringt ihr schwarzes Gefieder in Form. „Ach, was rede ich denn da? Ich bin nicht nur die schönste Elster, sondern das schönste Tier im ganzen Wald. Ich sah noch niemals jemanden, der hübscher war als ich.“ Sie legt sich ihre silberne Kette um den Hals. Diese Kette ist ihr ganz besonders wichtig. Sie bekam sie von ihrer Mama und ihre Mama erhielt sie als Geschenk von ihrer eigenen Großmutter. Die glänzende Kette trägt Frida jeden Tag und passt gut auf sie auf. Die Kette erinnert sie immer an ihre liebe Mama.

In diesem Moment entdeckt sie den Wolf Ikarus, der unter ihrem Nest an den Baumstamm klopft. „Frida, bist du da?“, will er wissen. Eigentlich hat Frida noch keine Lust, mit Ikarus zu sprechen. Der liebe Wolf ist ihr Freund, weil er immer die lustigsten Geschichten auf Lager hat.

Aber viel lieber würde Frida jetzt erstmal losfliegen, um ein paar Schätze für ihr Nest zu ergattern. Gestern hat sie nämlich beobachtet, dass der Dachs Tasso eine neue Mütze trägt, die Frida wirklich gut gefällt. Und das Weidenkörbchen von Eichhörnchen Bommel würde sie auch gerne ihr Eigen nennen. Aber ihren Freund Ikarus kann sie nicht täuschen. Er ruft: „Ich kann dich sehen, Frida. Komm mal runter, ich muss dir etwas erzählen!“ Seufzend breitet die Elster ihre Flügel aus und gleitet hinab, um neben dem Wolf auf dem Waldboden zu landen. „Was gibt es? Ich habe heute viel vor.“ Der Wolf sieht traurig aus. „Ich habe mein Geschichtenbuch verloren. Du weißt schon, mein Tagebuch, in das ich immer die Geschichten schreibe, die mir tagsüber so einfallen. Daraus lese ich abends meinen Nichten und Neffen vor, wenn sie nicht einschlafen können. Ich dachte, du kannst mir vielleicht helfen, es zu finden. Von oben aus der Luft siehst du ja viel mehr als ich.“

Aber Frida hat keine Lust, dem Wolf zu helfen. Sie weiß ja, wo das Tagebuch ist: sicher versteckt in ihrem Nest. Und sie muss sich wirklich beeilen, wenn sie Bommels Weidenkörbchen stehlen möchte, bevor er aufwacht. „Wer weiß, wo du das Büchlein verloren hast“, antwortet die Elster Frida hochnäsig, „ich habe keine Zeit. Bis später!“ Mit diesen Worten fliegt sie davon und lässt einen unglücklichen Wolf zurück.

Es ist nicht weit bis zum Kobel des Eichhörnchens. „Bommel schläft anscheinend noch“, flüstert Frida zu sich, als sie auf einem Ast in der Nähe der Eiche landet. Da entdeckt sie schon das Weidenkörbchen, das Bommel im Herbst immer nutzt, um möglichst viele Nüsse in kurzer Zeit zu sammeln. Es hängt an einem Ast an der Eiche. Fridas Augen werden groß vor Gier. Sie schaut rasch nach rechts, dann nach links. Schon fliegt sie los, greift den Henkel des Körbchens und fädelt ihn vom Ast.

Schnell fliegt sie davon, um das Körbchen in Sicherheit zu bringen. Zu spät! Bommel hat sie gehört, den Kopf aus seinem Kobel gestreckt und Frida beobachtet. „Na warte“, murmelt er wütend. „Das ist das Körbchen meiner Großmutter. Das wirst du bereuen! Und mein Körbchen hole ich mir auch wieder.“ Frida bemerkt nicht, dass Bommel ihren Diebstahl beobachtet hat, und fliegt unbekümmert zu ihrem Nest zurück. Dort versteckt sie das Körbchen, sodass es kaum noch zu sehen ist. Zufrieden putzt sie sich erst einmal ihr Gefieder, das vom Wind ganz durcheinandergeraten ist. Dann fasst sie den Entschluss, noch einmal ihre Augen zu schließen und sich auszuruhen, bevor sie sich Tassos Mütze schnappt. Vorsichtig legt sie ihre Silberkette ab und schläft wieder ein. Als sie erneut aufwacht, hat der Regen aufgehört. Ein Sonnenstrahl scheint direkt auf ihr Nest und kitzelt ihren Schnabel.

Die Elster Frida bemerkt sofort, dass etwas nicht stimmt. Ihrem Nest fehlt sein typischer Glanz. Ihre Silberkette ist verschwunden! Entsetzt blickt Frida sich nach allen Richtungen um. Sie durchwühlt ihr ganzes Nest, doch die Kette ist weg. „Die Kette meiner Mama ist weg“, kreischt sie und fliegt aus ihrem Nest zum Wolf Ikarus. Er muss ihr bei der Suche helfen!

Wenig später erreicht sie das Zuhause des Wolfes. Er sieht immer noch traurig und mürrisch aus, wie er da so vor seinem Bau liegt. „Ikarus, Ikarus, meine Silberkette wurde gestohlen!“, ruft Frida und flattert aufgeregt mit ihren Flügeln. „Hilf mir, den Dieb zu finden und zu bestrafen!“ Doch der Wolf unternimmt keine Anstalten, sich aufzurichten. „Ich habe gerade keine Zeit“, murrt er – und gibt damit dieselbe Antwort wie Frida vorhin, als Ikarus ihre Hilfe brauchte. „Aber es ist die Silberkette meiner Mama. Ich muss sie unbedingt wieder haben!“ Fridas Stimme klingt ganz verzweifelt. In diesem Moment blinzelt Ikarus seine Freundin wütend an. „Und ich will mein Geschichtenbuch wieder haben! Das habe ich nämlich von meinem Großvater geschenkt bekommen! Und ich weiß genau, dass du es gestohlen hast.“ Plötzlich taucht auch das Eichhörnchen Bommel auf. Mit einem Satz springt es hinter einem Gebüsch hervor und baut sich vor Frida auf.

„Und ich will mein Weidenkörbchen zurück! Das habe ich von meiner Oma bekommen!“ Erstaunt reißt Frida die Augen auf, als sie entdeckt, dass Bommel eine glänzende Kette um den Hals trägt – ihre Kette! „Du hast meine Kette“, ruft Frida fassungslos. „Und du hast meine Küken Feder, mein Weidenkörbchen und Strubbys Bürste! Du bist so egoistisch, du nimmst dir einfach, was du haben möchtest, ohne dir zu überlegen, wie es deinen Freunden damit geht“, gibt Bommel zornig zurück. Auf einmal steigen Tränen in Fridas Augen. Sie will all ihr Diebesgut zurückgeben, wenn sie doch nur die Silberkette ihrer Mama zurückbekommt.

Frida versteht, was sie ihren Freunden antut, indem sie immer einfach deren Sachen stiehlt. Sie hat nur an sich gedacht und es war ihr wirklich gleichgültig, ob sie ihre Freunde mit ihrem Verhalten verletzt. Jetzt begreift sie, dass es sich überhaupt nicht toll anfühlt, bestohlen zu werden.

„Es tut mir so leid“, murmelt Frida niedergeschlagen. „Ihr bekommt natürlich alles wieder.“ Die kleine Elster hält ihr Versprechen. Auch, wenn es ihr schwerfällt, hört sie von diesem Tag an mit dem Stehlen auf. Jeden Tag übt sie, sich besser in die anderen Waldtiere hineinzuversetzen und Mitgefühl für sie aufzubringen. Sie fliegt nicht länger an Waldtieren vorbei, die ihre Hilfe benötigen, sondern bietet ihre Unterstützung an. Denn Frida hat gelernt, wie wichtig es ist, nicht immer nur an sich selbst zu denken, um die Gefühle ihrer Freunde nicht zu verletzen.

Das einsame Kaninchen Nino bittet um Hilfe

Nino ist im Wald ein ganz besonderes Kaninchen. Denn Nino sieht ganz anders aus als all die anderen: Er ist viel kleiner und seine Ohren ragen am Kopf nicht empor, sondern hängen an den Seiten herab. Für sein besonderes Aussehen gibt es auch einen guten Grund: Nino ist eigentlich ein Hauskaninchen und lebte bis vor kurzem noch bei einem Jungen im Kinderzimmer in einem Käfig. Der Junge kümmerte sich rührend um ihn. Er gab ihm Futter, Wasser und streichelte ihn. Manchmal durfte Nino auch in seinem Zimmer herumhoppeln. Aber dann fing der Junge an, ständig zu niesen, und seine Eltern brachten Nino vor ein paar Tagen in den Wald und ließen ihn hier zurück. Seither schlägt Nino sich ganz alleine im Wald durch. Oft hat das kleine Kaninchen mit den Schlappohren große Angst. Es muss erst lernen, was es in der freien Natur fressen kann. Es weiß nicht, welche Tiere nett zu ihm sind und welche ihm zur Gefahr werden können.

Und es hat keinen richtigen Kaninchenbau, sondern schläft unter einem Haselnussstrauch. Am heutigen Herbstmorgen ist es im Wald schon richtig kalt. Unter dem Strauch ist es zügig und vom Regen ganz nass. Nino bibbert und zittert, als er aufwacht. „Ich muss einen anderen Schlafplatz finden“, seufzt er, „oder ich werde eines Nachts erfrieren.“ Aber Nino hat keine Ahnung, wo Kaninchen schlafen, die nicht im Käfig leben. Also beschließt er, durch den Wald zu hoppeln, um die Wildkaninchen im Wald zu beobachten.

Es dauert eine Weile, aber dann entdeckt Nino eine Gruppe kleiner, brauner Wildkaninchen. Sie sitzen auf einer Wiese und essen grüne Blätter. Nino hört, wie sein Magen knurrt. Deshalb setzt er sich in einiger Entfernung ebenfalls auf die Wiese und lässt sich dieselben grünen Blätter schmecken. Plötzlich hoppelt eines der Wildkaninchen zu ihm herüber.

„Hallo, ich bin Nelly, und wer bist du?“, will es wissen. „Ich heiße Nino.“

„Welches Tier bist du?“, fragt Nelly und mustert Nino nachdenklich von oben bis unten.

Nino ist empört. Was ist das denn für eine Frage? Es ist doch offensichtlich, dass er auch ein Kaninchen ist. „Ich bin ein Kaninchen, genau wie du“, brummt er deshalb eingeschnappt. Nelly sieht erstaunt aus. „Aber du siehst so komisch aus. Du bist so winzig und deine Ohren hängen herab.“ Jetzt hat Nino keine Lust mehr, sich mit dem anderen Kaninchen zu unterhalten. „Ich bin eigentlich ein Hauskaninchen“, murmelt er und dreht sich weg. „Ach so“, ruft Nelly, „bist du ausgebüxt oder wurdest du ausgesetzt?“ Über diese Frage muss Nino erstmal genau nachdenken. Ausgebüxt ist er nicht. Bisher war er immer der Meinung, dass seine Familie ihn freigelassen hat. Aber eigentlich wollte Nino gar nicht frei sein, denn er hat sich ganz wohlgefühlt bei dem Jungen im warmen Kinderzimmer. „Sie haben mich ausgesetzt“, sagt Nino schließlich und spürt, wie er traurig wird. „Du Armer!“, seufzt Nelly. „Das passiert leider häufig. Hauskaninchen haben es hier draußen im Wald schwer.

Viele von ihnen werden Opfer von Füchsen. Oder sie verhungern, weil sie nicht wissen, welche Pflanzen Sie essen können und welche nicht."

Bei diesen Worten bekommt Nino es mit der Angst zu tun, aber das möchte er nicht zugeben. „Ich komme schon zurecht", behauptet er. „Das ist gut", sagt Nelly nickend. „Ansonsten helfe ich dir gerne. Die grünen Blätter hier sind Löwenzahn. Die kannst du essen. Und dort drüben wächst Spitzwegerich, der schmeckt auch gut. Wenn du einmal Hilfe brauchst, kannst du immer zu mir kommen." Mit diesen Worten verabschiedet sich Nelly, denn ihre Kaninchenfamilie will wieder nach Hause. Nino beobachtet, wie die anderen Kaninchen in kleinen Löchern im Erdboden verschwinden. „Das muss der Bau sein, in dem sie leben ", überlegt Nino leise und begreift, dass er auch so einen Bau graben muss, damit er nachts nicht erfriert.

Mit neuem Mut hoppelt er noch eine Weile durch den Wald und hält Ausschau nach einer schönen Stelle für seinen Bau. Dann legt er los: Mit seinen Vorderpfoten gräbt er die Erde auf dem Boden zur Seite, um sich ein tiefes Loch für seinen Bau anzulegen. Schnell merkt das kleine Kaninchen, dass es diese Arbeit unterschätzt hat.

Der Boden ist hart, weil es in der letzten Nacht schon Frost gab. Nino gräbt und gräbt und gräbt – aber das Loch in der Erde wird kaum größer. Er denkt an die Worte des anderen Kaninchens. „Wenn du einmal Hilfe brauchst, kannst du immer zu mir kommen." Das hat Nelly gesagt.

Doch Nino traut sich nicht, sie um Hilfe zu fragen. Er ist auch ein bisschen zu stolz dafür, denn er möchte sich und den anderen Wildkaninchen beweisen, dass er es allein schaffen kann, im Wald zu überleben. Aus diesem Grund buddelt er immer weiter, doch es gelingt ihm nicht, sich einen richtigen Bau anzulegen. Erschöpft, hungrig und durstig legt er sich Stunden später wieder unter seinen Haselnussstrauch. Er wird heute Nacht wieder hier schlafen müssen. Nino knabbert noch ein paar Haselnussblätter, dann fallen ihm schon die Augen zu.

Auch in dieser Herbstnacht ist es ungemütlich, stürmisch und kalt. Nino wacht mehrfach auf, weil er so friert, und verkriecht sich noch tiefer unter den Haselnussstrauch. Er ist erleichtert, als die Nacht vorüber ist und es langsam hell wird im Wald. Seufzend hoppelt er aus seinem Versteck. Nino begreift, dass er keine andere Wahl mehr hat. Allein wird er es hier draußen im Wald nicht schaffen. Er muss um Hilfe fragen. Erneut hoppelt er zu der Wiese, auf der er gestern Nelly und die anderen Wildkaninchen getroffen hat. Und er hat Glück: Auch heute sind sie zum Frühstücken hierhergekommen und lassen sich ihre Wiesenkräuter schmecken. „Hallo Nino“, ruft Nelly, als sie das Kaninchen mit den Schlappohren erblickt. „Ist alles gut bei dir?“ „Ja, alles bestens“, will Nino sagen, aber dann entschließt er sich für die Wahrheit. Niedergeschlagen murmelt er: „Ganz und gar nicht. Ich habe keinen Bau für die Nacht und friere so sehr unter meinem Haselnussstrauch.

Ich wollte mir gestern einen Bau anlegen, aber ich schaffe es nicht. Kannst du mir helfen, einen Bau zu graben?" Nelly schaut Nino mitfühlend an. „Jetzt im Herbst ist der Boden schon so kalt und hart, dass du es nicht schaffen wirst, dir einen Bau zu graben. Auch ich habe da keine Chance. Du kannst dich aber meiner Kaninchenfamilie anschließen, wenn du möchtest. In unserem Bau ist noch Platz und Kaninchen sollten ohnehin nicht ganz alleine sein." Als Nino das hört, werden seine Augen aus Hoffnung riesengroß. „Bist du sicher, dass die anderen Kaninchen nichts dagegen haben, wenn ich einfach dazu komme?" Nelly winkt nur lachend ab. „Das ist kein Problem. Wir haben schon oft ausgesetzte Kaninchen aufgenommen. Siehst du die Kleine mit der flauschigen Löwenmähne da drüben? Das ist Nala, ein ausgesetztes Löwenkopfkaninchen." Tatsächlich fällt jetzt auch Nino das Kaninchen auf, das ganz anders aussieht als die anderen Wildkaninchen. Genau wie er.

„Komm mit, ich stelle dich den anderen vor.” Zusammen mit Nelly hoppelt er zu den anderen Kaninchen. Tatsächlich nehmen sie ihn liebevoll in ihrer Gemeinschaft auf.

Nino ist überglücklich, dass er seinen Stolz abgelegt und sich getraut hat, Nelly um Hilfe zu fragen. Von nun an, hat er einen warmen Bau und immer Gesellschaft. Er lernt schnell, welche Pflanzen er fressen kann und vor welchen Tieren er sich in Acht nehmen muss. Von diesem Tag an, verbindet ihn ein tiefes Band der Freundschaft mit dem Wildkaninchen Nelly und auch mit dem ebenfalls ausgesetzten Löwenkopfkaninchen Nala.

Der schüchterne Igel Piksy findet endlich Freunde

Im Wald gibt es einen Igel, der auf den Namen Piksy hört, weil er seine pieksigen Stacheln wirklich häufig einsetzt. Denn der kleine Igel hat eine Besonderheit: Wann immer er sich in einer Situation unwohl fühlt, rollt er sich zu einer Kugel zusammen und zeigt seine Stacheln. Er rührt sich nicht mehr, sondern wartet, bis die unangenehme Situation vorbei ist. Zugegeben, dieses Verhalten zeigen die meisten Igel. Allerdings fühlt sich Piksy noch einmal viel häufiger unwohl als seine Artgenossen. Nämlich nicht nur, wenn Gefahr droht, sondern auch, wenn eigentlich alles in Ordnung ist. Piksy wird zu einer stacheligen Igelkugel, wenn ein anderer Igel mit ihm spielen möchte, wenn ein Waldtier ihn anspricht oder wenn er irgendwo ein ungewohntes Geräusch hört. Denn Piksy ist der schüchternste und ängstlichste Igel im ganzen Wald. Oft will Piksy sich eigentlich gar nicht zu einer Kugel zusammenrollen, aber er kann einfach nicht anders.

Wenn sein Herz schneller schlägt und sich das ängstliche Gefühl in seinem Bauch ausbreitet, fühlt er sich nur als kleine, pieksige Kugel sicher.

Dieses für einen Igel doch sehr ungewöhnliche Verhalten führt allerdings dazu, dass Piksy im ganzen Wald noch keine Freunde gefunden hat. Die anderen Igelkinder finden Piksy langweilig. Niemand will mit einem Igel spielen, der sich immer nur schweigend und zitternd zusammenrollt, sobald sie ihm eine Frage stellen. Auch die anderen Waldbewohner haben schon versucht, mit Piksy ins Gespräch zu kommen. Die Maus Tapsi beispielsweise, fragte Piksy vor einigen Tagen, ob er ein Stück Käse mit ihr teilen wolle. Eigentlich wollte Piksy das sehr gerne, aber er war so schüchtern, dass er sich nicht traute, ihr das zu sagen. Stattdessen – wie sollte es anders sein – rollte er sich zu einem stacheligen Ball zusammen. Also zog Tapsi von dannen, weil sie den kleinen Igel nicht weiter ängstigen wollte.

Wegen seiner Schüchternheit verbringt Piksy den ganzen Tag allein, obwohl er gerne Freunde hätte. Zum Glück ist nun der Herbst gekommen. Das bedeutet, dass Piksy sich bald in seinem Winterquartier zusammenrollen und den ganzen Winter lang schlafen kann. Dann muss er sich auch nicht mehr über seine Schüchternheit ärgern und nicht länger einsam fühlen. Denn wer schläft, fühlt sich schließlich nicht allein. Da Piksy keine Freunde zum Spielen hat, ist er längst fertig mit seinem Winterquartier. Unter einer Brombeerhecke hat er sich aus Hölzern, Reisig und Laub eine kuschelige Höhle gebaut, wo er bald tief und fest schlafen wird. „Vielleicht wache ich ja im Frühjahr auf und meine Schüchternheit ist wie weggeblasen“, murmelt Piksy leise vor sich hin, während er nach Futter Ausschau hält. Die letzten milden Herbstabende nutzt er dafür, sich noch ein bisschen Winterspeck anzufuttern.

Er sucht nach Tausendfüßlern, Regenwürmern und Spinnen, die er sich schmecken lassen kann. Heute ist es stürmisch im Wald. Der Wind pustet die Blätter durcheinander und biegt die Bäume unter sich.

Auf einmal hört Piksy ein verzweifeltes Schluchzen ganz in seiner Nähe. Er hebt den Kopf und sieht sich um, bis er den Ursprung des Weinens entdeckt: Ein kleines Igelmädchen hockt ganz in seiner Nähe. Dicke Tränen kullern ihm über das Gesicht. Das ist ein wirklich herzzerreißender Anblick. „Mein schöner Laubhaufen“, schluchzt das Igelmädchen, „mein gemütliches Winterquartier. Alles hat dieser blöde Wind zerstört!“ Piksy zögert. Was soll er tun? Er würde dem Igelmädchen gerne helfen, aber wie? Er kann es ja nicht einfach ansprechen. Das lässt seine Schüchternheit nicht zu. Noch bevor Piksy eine Entscheidung treffen kann, entdeckt das Igelmädchen ihn und spricht ihn an: „Hallo Piksy! Was für ein Glück, dass ich dich treffe! Kennst du mich noch? Ich bin Daisy. Unsere Eltern haben nebeneinander gewohnt, als wir noch Babys waren. Erinnerst du dich?“

Jetzt erinnert sich Piksy wieder an Daisy.

Sie wollte oft mit ihm spielen, aber Piksy war so schüchtern, dass er sich immer nur zu einer Kugel einrollen konnte, als sie ihn fragte. Auch jetzt geht es Piksy nicht anders. Er spürt, wie sein Herz immer schneller klopft, während Daisy ihn erwartungsvoll anschaut. Ein ängstliches, unbehagliches Gefühl breitet sich in seinem Bauch aus.

Am liebsten würde er sich einfach in Luft auflösen. Und weil das nicht geht, rollt er sich zusammen, kugelt sich ein und zeigt Daisy nichts anderes als seine pieksigen Stacheln. Er hofft, dass sie einfach weiterläuft, damit er sich schnell wieder aufrollen kann. Doch er hört, wie Daisy leise seufzt. „Bist du also immer noch so schüchtern, ja?“ Piksy glaubt, dass Daisy ihn einfach genervt stehen lässt, doch sie plappert einfach weiter: „Ist schon okay, ich würde mich gerade auch am liebsten einfach einrollen, bis alles wieder gut ist. Ich hatte mir so ein schönes Winterquartier gebaut. Aber der Sturm hat es einfach umgepustet. Jetzt muss ich noch einmal von vorne anfangen. Dabei sind die Nächte schon so kalt. Ich weiß überhaupt nicht, wo ich heute Nacht schlafen soll.“ Piksy hört in seiner Stachelkugel, wie Daisy wieder zu weinen anfängt. Er empfindet tiefes Mitgefühl für Daisy und würde ihr so gerne helfen. Wenn doch bloß diese blöde Schüchternheit nicht wäre!

Auf einmal spürt er, wie sich Daisy an seinen stacheligen Rücken lehnt und still vor sich hin weint. Eine ganze Weile sitzen sie so da, Seite an Seite, und Piksy spürt, dass ihm nichts passiert. Obwohl er sich zu einer Kugel zusammengerollt hat, lässt Daisy ihn nicht einfach links liegen. Sie akzeptiert ihn, so schüchtern wie er eben ist. Eine Welle der Wärme durchflutet ihn und er spürt, dass er unbedingt mit Daisy befreundet sein will. Also nimmt er all seinen Mut zusammen und rollt sich vorsichtig wieder auf. Mit einem schiefen Lächeln blickt er Daisy an, die ihn überrascht und neugierig mustert. Ein paar Minuten schauen sie sich schweigend an. Piksy ist glücklich, weil das Bedürfnis, sich einfach einzurollen, plötzlich verschwunden ist. Schließlich fasst er noch einmal neuen Mut und flüstert kaum hörbar: „Du kannst diese Nacht bei mir schlafen. Ich habe schon ein Winterquartier.“

Daisy ist sichtlich erfreut. „Ehrlich? Du würdest dein Winterquartier mit mir teilen?“ Piksy nickt. Dann fügt er – nun schon etwas lauter – hinzu: „Und morgen beginnen wir, dir eine neue Höhle für den Winter zu bauen. Gemeinsam geht es sicher schneller.“ „Danke, du bist echt der tollste Igel im ganzen Wald“, sagt Daisy und schließt Piksy fest in die Arme.

Für ihn ist es ungewohnt, von einem anderen Igel umarmt zu werden. Doch der Impuls, sich einfach zusammenzurollen, bleibt aus. Überglücklich nimmt er Daisys Hand und führt sie zu seinem Winterquartier. Stachel an Stachel rollen sie sich dort ein und schlafen die ganze Nacht tief und fest. Am nächsten Morgen stehen sie früh wieder auf und beginnen, Laub, Zweige und Reisig für Daisys neues Winterquartier zu sammeln. Sie bauen es ganz in der Nähe von Piksys Quartier, damit die beiden im Frühjahr gemeinsam aus dem Winterschlaf aufwachen und sofort miteinander spielen können. Als die Maus Tapsi vorbeikommt und sie bei der Arbeit beobachtet, ruft sie: „Na, seid ihr fleißig, ihr zwei?“ Und Piksy erwidert, ohne überhaupt noch an seine einstige Schüchternheit zu denken: „Ja, wir bauen für Daisy ein neues Winterquartier, weil der Sturm ihr altes zerstört hat.“ Erst hinterher fällt Piksy auf, dass er sich überhaupt nicht mehr schüchtern gefühlt hat, als Tapsi ihn ansprach.

Von diesem Tag an ist Piksys Schüchternheit kein Hindernis mehr für ihn. Noch immer fühlt er sich manchmal etwas schüchtern, wenn andere Tiere ihn ansprechen oder mit ihm spielen möchten. Aber er schafft es trotzdem, sich nicht einfach einzurollen. Er spricht mit den anderen Igeln und Waldbewohnern und findet immer mehr Freunde. Endlich muss Piksy nicht länger einsam sein.

Printed in Poland
by Amazon Fulfillment
Poland Sp. z o.o., Wrocław

26628382R10057